ART POÉTIQUE

DE

BOILEAU-DESPRÉAUX

AVEC

DES COMMENTAIRES HISTORIQUES ET LITTÉRAIRES

PAR

M. P. POITEVIN,

Professeur de Littérature et d'Histoire.

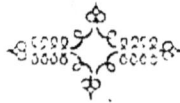

Paris,

CHEZ L. HACHETTE,

LIBRAIRE DE L'UNIVERSITÉ ROYALE DE FRANCE,

RUE PIERRE-SARRAZIN, Nº 12.

1858.

ART POÉTIQUE

⚜

IMPRIMERIE
A. EVERAT ET COMP,
16, rue du Cadran.

⚜

ART POÉTIQUE

DE

BOILEAU-DESPRÉAUX

AVEC

DES COMMENTAIRES HISTORIQUES ET LITTÉRAIRES

PAR M. P. POITEVIN,

PROFESSEUR DE LITTÉRATURE ET D'HISTOIRE

Paris,

CHEZ L. HACHETTE,

LIBRAIRE DE L'UNIVERSITÉ ROYALE DE FRANCE,

RUE PIERRE-SARRAZIN, Nº 12.

1838.

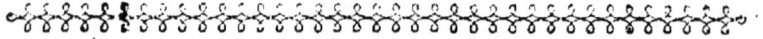

ART POÉTIQUE.

CHANT PREMIER.

C'est en vain qu'au Parnasse[1] un téméraire auteur
Pense de l'art des vers atteindre la hauteur :
S'il ne ressent du ciel l'influence secrète,
Si son astre en naissant ne l'a formé poëte,
Dans son génie étroit il est toujours captif;
Pour lui Phébus est sourd et Pégase est rétif.

O vous donc qui, brûlant d'une ardeur périlleuse,

---

[1] Le Parnasse, l'une des plus hautes montagnes de la Grèce, a dix sommets principaux : c'est pour cela sans doute que les poëtes l'ont désigné comme la demeure d'Apollon et des neuf muses.

1.

Courez du bel esprit la carrière épineuse,
N'allez pas sur des vers sans fruit vous consumer,
Ni prendre pour génie un amour de rimer;
Craignez d'un vain plaisir les trompeuses amorces,
Et consultez longtemps votre esprit et vos forces.

La nature, fertile en esprits excellents,
Sait entre les auteurs partager les talents :
L'un peut tracer en vers une amoureuse flamme;
L'autre d'un trait plaisant aiguiser l'épigramme;
Malherbe[1] d'un héros peut vanter les exploits;
Racan[2] chanter Philis, les bergers et les bois.
Mais souvent un esprit qui se flatte et qui s'aime
Méconnaît son génie et s'ignore soi-même.
Ainsi tel[3] autrefois qu'on vit avec Faret[4]

[1] MALHERBE (François), poëte lyrique, né à Caen en 1556, mourut à Paris en 1628. Il vécut sous Henri II, François II, Charles IX, Henri III, Henri IV et Louis XIII.

[2] RACAN (Honorat de Bueil, marquis de), naquit en Touraine, à la Roche-Racan, en 1589. Contemporain et élève chéri de Malherbe, il écrivit avec plus de pureté que son maître; par malheur il n'eut ni son imagination ni son génie. Racan a composé une pièce en cinq actes et en vers intitulée *les Bergeries*; elle obtint un très-grand succès.

[3]   Ainsi tel autrefois...

SAINT-AMAND, auteur du *Moïse sauvé*, naquit à Rouen, en 1595, et mourut à Paris en 1660. Une ode, *la Solitude*, est, de tous ses ouvrages, le seul qui révèle quelque talent poétique.

[4]   ... Qu'on vit avec Faret.

FARET (Nicolas), né, en 1600, à Bourg-en-Bresse, eut le double tort de faire de très-mauvaise prose et de très-mauvais vers; ce

Charbonner de ses vers les murs d'un cabaret,
S'en va mal à propos, d'une voix insolente,
Chanter du peuple hébreu la fuite triomphante,
Et, poursuivant Moïse au travers des déserts,
Court avec Pharaon se noyer dans les mers.

Quelque sujet qu'on traite, ou plaisant ou sublime,
Que toujours le bon sens s'accorde avec la rime :
L'un l'autre vainement ils semblent se haïr ;
La rime est une esclave, et ne doit qu'obéir.
Lorsqu'à la bien chercher d'abord on s'évertue,
L'esprit à la trouver aisément s'habitue ;
Au joug de la raison sans peine elle fléchit,
Et, loin de la gêner, la sert et l'enrichit.
Mais, lorsqu'on la néglige, elle devient rebelle,
Et pour la rattraper le sens court après elle.
Aimez donc la raison : que toujours vos écrits
Empruntent d'elle seule et leur lustre et leur prix.
La plupart, emportés d'une fougue insensée,
Toujours loin du droit sens vont chercher leur pensée ;
Ils croiraient s'abaisser dans leurs vers monstrueux,
S'ils pensaient ce qu'un autre a pu penser comme eux.
Évitons ces excès ; laissons à l'Italie
De tous ces faux brillants l'éclatante folie.
Tout doit tendre au bon sens ; mais pour y parvenir
Le chemin est glissant et pénible à tenir ;

pendant il fut un des premiers membres de l'Académie française,
dont il rédigea lui-même les statuts. Son teint animé et un nom
qui rimait si bien à *cabaret* lui donnèrent une réputation que
peut-être il ne méritait pas.

Pour peu qu'on s'en écarte, aussitôt on se noie ;
La raison pour marcher n'a souvent qu'une voie.

Un auteur quelquefois trop plein de son objet
Jamais sans l'épuiser n'abandonne un sujet.
S'il rencontre un palais[1], il m'en dépeint la face ;
Il me promène après de terrasse en terrasse :
Ici s'offre un perron, là règne un corridor ;
Là ce balcon s'enferme en un balustre d'or ;
Il compte des plafonds les ronds et les ovales ;
« Ce ne sont que festons, ce ne sont qu'astragales[2]. »
Je saute vingt feuillets pour en trouver la fin,
Et je me sauve à peine au travers du jardin.
Fuyez de ces auteurs l'abondance stérile,
Et ne vous chargez point d'un détail inutile :
Tout ce qu'on dit de trop est fade et rebutant ;
L'esprit rassasié le rejette à l'instant.
Qui ne sait se borner ne sut jamais écrire.
Souvent la peur d'un mal nous conduit dans un pire :
Un vers était trop faible, et vous le rendez dur ;
J'évite d'être long, et je deviens obscur.   .
L'un n'est point trop fardé, mais sa muse est trop nue ;

---

1   S'il rencontre un palais, il m'en dépeint la face.

Scudéri (George de), né au Havre en 1601 et mort à Paris en
1667, a, dans son poëme d'*Alaric* ou *Rome vaincue*, employé
à peu près cinq cents vers à la seule description d'un palais.

2   Ce ne sont que festons, ce ne sont qu'astragales.

Boileau a changé le dernier mot du vers de Scudéri. Voici le vers
du IIIe chant d'*Alaric* :

Ce ne sont que festons, ce ne sont que couronnes.

L'autre a peur de ramper : il se perd dans la nue.
Voulez-vous du public mériter les amours?
Sans cesse en écrivant variez vos discours.
Un style trop égal et toujours uniforme
En vain brille à nos yeux, il faut qu'il nous endorme.
On lit peu ces auteurs nés pour nous ennuyer,
Qui toujours sur un ton semblent psalmodier.
Heureux qui dans ses vers sait d'une voix légère
Passer du grave au doux, du plaisant au sévère!
Son livre, aimé du ciel et chéri des lecteurs,
Est souvent chez Barbin entouré d'acheteurs.

Quoi que vous écriviez, évitez la bassesse;
Le style le moins noble a pourtant sa noblesse.
Au mépris du bon sens, le burlesque effronté
Trompa les yeux d'abord, plut par sa nouveauté;
On ne vit plus en vers que pointes triviales,
Le Parnasse parla le langage des halles :
La licence à rimer alors n'eut plus de frein;
Apollon travesti devint un Tabarin [1].
Cette contagion infecta les provinces,
Du clerc et du bourgeois passa jusques aux princes;
Le plus mauvais plaisant eut ses approbateurs,
Et jusqu'à Dassouci [2] tout trouva des lecteurs.

---

[1]   Apollon travesti devint un Tabarin.

TABARIN était un bouffon grossier, alors au service d'un charlatan fameux nommé Mondor.

[2]   Et jusqu'à Dassouci, tout trouva des lecteurs.

Pitoyable auteur qui a composé l'*Ovide en belle humeur*. BOIL.
DASSOUCI (Charles Coypeau de), naquit à Paris en 1604 et mou-

Mais de ce style enfin la cour désabusée
Dédaigna de ces vers l'extravagance aisée,
Distingua le naïf du plat et du bouffon,
Et laissa la province admirer le Typhon[1].
Que ce style jamais ne souille votre ouvrage;
Imitons de Marot l'élégant badinage[2],
Et laissons le burlesque aux plaisants du Pont-Neuf.
Mais n'allez point aussi sur les pas de Brébeuf[3],
Même en une Pharsale, entasser sur les rives
« De morts et de mourants cent montagnes plaintives[4]. »

rut en 1679. Il publia, indépendamment d'une partie des *Méta-morphoses d'Ovide*, une imitation en vers burlesques du *Ravissement de Proserpine* de Claudien.

[1] *Le Typhon* ou *la Gigantomachie* (combat des géants), poëme burlesque, de Scarron.

Ce poëte, qui naquit à Paris en 1610, s'adonna au style burlesque, dans lequel il excella. Il épousa, en 1652, mademoiselle d'Aubigné, qui devint si célèbre sous le nom de madame de Maintenon. Scarron mourut à Paris en 1660. Ses principaux ouvrages sont: *le Typhon*, *l'Énéide travestie*, *don Japhet d'Arménie* et *Jodelet*.

2   Imitons de Marot l'élégant badinage..

MAROT (Clément), né à Cahors en 1495, mourut à Turin en 1544.

5   .... Sur les pas de Brébeuf.

BRÉBEUF (George de), né à Thorigny, en Normandie, mourut près de Caen, en 1661. Son début littéraire fut une imitation dans le genre burlesque, alors à la mode, du VIIe livre de l'*Énéide*. Brébeuf publia une traduction en vers de la *Pharsale* en 1658. Malgré ses défauts, cet ouvrage n'était assurément pas indigne du succès qu'il obtint.

[4] Voici les vers qu'on lit dans Brébeuf, *Pharsale*; ch. VII :

> Pompée à cet échec n'ayant que trop senti
> Que les Destins changés ont quitté son parti,
> Que sa Fortune enfin dégénère en cruelle,
> Ne se résout qu'à peine à la croire infidèle....

Prenez mieux votre ton. Soyez simple sans art,
Sublime sans orgueil, agréable sans fard;
N'offrez rien au lecteur que ce qui peut lui plaire;
Ayez pour la cadence une oreille sévère;
Que toujours dans vos vers le sens coupant les mots,
Suspende l'hémistiche, en marque le repos.

Gardez qu'une voyelle, à courir trop hâtée,
Ne soit d'une voyelle en son chemin heurtée.

Il est un heureux choix de mots harmonieux;
Fuyez des mauvais sons le concours odieux :
Le vers le mieux rempli, la plus noble pensée
Ne peut plaire à l'esprit quand l'oreille est blessée.

Durant les premiers ans du Parnasse français,
Le caprice tout seul faisait toutes les lois;
La rime au bout des mots assemblés sans mesure
Tenait lieu d'ornement, de nombre et de césure.
Villon[1] sut le premier, dans ces siècles grossiers,
Débrouiller l'art confus de nos vieux romanciers;
Marot bientôt après fit fleurir les ballades,
Tourna des triolets, rima des mascarades,
A des refrains réglés asservit les rondeaux,

De morts et de mourants cent montagnes plaintives,
D'un sang impétueux cent vagues fugitives,
Cent horreurs que du choc avait *caché* l'horreur,
S'étalent à ses yeux et déchirent son cœur.

1   Villon sut le premier...

VILLON (François), né à Paris en 1431, fut le maître de Clément Marot.

Et montra pour rimer des chemins tout nouveaux.
Ronsard [1], qui le suivit, par une autre méthode,
Réglant tout, brouilla tout, fit un art à sa mode,
Et toutefois longtemps eut un heureux destin ;
Mais sa muse, en français parlant grec et latin,
Vit dans l'âge suivant, par un retour grotesque,
Tomber de ses grands mots le faste pédantesque.
Ce poëte orgueilleux, trébuché de si haut,
Rendit plus retenus Desportes [2] et Bertaut [3].
Enfin Malherbe vint, et le premier en France
Fit sentir dans les vers une juste cadence ;
D'un mot mis en sa place enseigna le pouvoir,
Et réduisit la muse aux règles du devoir.
Par ce sage écrivain la langue réparée
N'offrit plus rien de rude à l'oreille épurée :
Les stances avec grâce apprirent à tomber,

---

[1] Ronsard qui le suivit...

RONSARD (Pierre) naquit dans le Vendômois, en 1524, et mourut à Saint-Cosme-lès-Tours, en 1585. Il fut surnommé le *Prince des poëtes* de son temps. Henri II, François II, Charles IX, Henri III et Marie Stuart le comblèrent de bienfaits. On a de lui des *Hymnes*, des *Odes*, des *Eglogues*, des *Sonnets*, et un poëme intitulé *la Franciade*.

[2] DESPORTES (Philippe) naquit à Chartres en 1546 et mourut en 1606. Il fut le poëte favori de Henri III, qui fit publier à ses frais ses premiers ouvrages. Desportes était oncle de Régnier.

[3] BERTAUT (Jean), né à Caen en 1552, mourut en 1611. Il fut premier aumônier de la reine Catherine de Médicis, et lecteur de Henri IV. Voici une stance de Bertaut qu'on relira en tout temps avec plaisir :

> Félicité passée,
> Qui ne peux revenir,
> Tourment de ma pensée,
> Que n'ai-je, en te perdant, perdu le souvenir.

Et le vers sur le vers n'osa plus enjamber.
Tout reconnut ses lois, et ce guide fidèle
Aux auteurs de ce temps sert encor de modèle.
Marchez donc sur ses pas, aimez sa pureté,
Et de son tour heureux imitez la clarté.
Si le sens de vos vers tarde à se faire entendre,
Mon esprit aussitôt commence à se détendre,
Et, de vos vains discours prompt à se détacher,
Ne suit point un auteur qu'il faut toujours chercher.

Il est certains esprits dont les sombres pensées
Sont d'un nuage épais toujours embarrassées;
Le jour de la raison ne le saurait percer.
Avant donc que d'écrire apprenez à penser.
Selon que notre idée est plus ou moins obscure,
L'expression la suit, ou moins nette, ou plus pure.
Ce que l'on conçoit bien s'énonce clairement,
Et les mots pour le dire arrivent aisément.

Surtout qu'en vos écrits la langue révérée,
Dans vos plus grands excès vous soit toujours sacrée:
En vain vous me frappez d'un son mélodieux,
Si le terme est impropre, ou le tour vicieux;
Mon esprit n'admet point un pompeux barbarisme,
Ni d'un vers ampoulé l'orgueilleux solécisme.
Sans la langue, en un mot, l'auteur le plus divin
Est toujours, quoi qu'il fasse, un mauvais écrivain.
Travaillez à loisir, quelque ordre qui vous presse,
Et ne vous piquez point d'une folle vitesse.

Un style si rapide et qui court en rimant
Marque moins trop d'esprit que peu de jugement.
J'aime mieux un ruisseau qui, sur la molle arène,
Dans un pré plein de fleurs lentement se promène,
Qu'un torrent débordé qui, d'un cours orageux,
Roule plein de gravier sur un terrain fangeux.
Hâtez-vous lentement, et sans perdre courage;
Vingt fois sur le métier remettez votre ouvrage;
Polissez-le sans cesse, et le repolissez;
Ajoutez quelquefois, et souvent effacez.

C'est peu qu'en un ouvrage où les fautes fourmillent,
Des traits d'esprit semés de temps en temps pétillent:
Il faut que chaque chose y soit mise en son lieu;
Que le début, la fin répondent au milieu;
Que d'un art délicat les pièces assorties
N'y forment qu'un seul tout de diverses parties;
Que jamais du sujet le discours s'écartant,
N'aille chercher trop loin quelque mot éclatant.

Craignez-vous pour vos vers la censure publique?
Soyez-vous à vous-même un sévère critique.
L'ignorance toujours est prête à s'admirer.
Faites-vous des amis prompts à vous censurer;
Qu'ils soient de vos écrits les confidents sincères,
Et de tous vos défauts les zélés adversaires.
Dépouillez devant eux l'arrogance d'auteur;
Mais sachez de l'ami discerner le flatteur:
Tel vous semble applaudir, qui vous raille et vous joue:
Aimez qu'on vous conseille, et non pas qu'on vous loue.

Un flatteur aussitôt cherche à se récrier ;
Chaque vers qu'il entend le fait extasier ;
Tout est charmant, divin, aucun mot ne le blesse ;
Il trépigne de joie, il pleure de tendresse ;
Il vous comble partout d'éloges fastueux.
La vérité n'a point cet air impétueux.
Un sage ami, toujours rigoureux, inflexible,
Sur vos fautes jamais ne vous laisse paisible.
Il ne pardonne point les endroits négligés ;
Il renvoie en leur lieu les vers mal arrangés ;
Il réprime des mots l'ambitieuse emphase ;
Ici le sens le choc, et plus loin c'est la phrase :
Votre construction semble un peu s'obscurcir :
Ce terme est équivoque, il le faut éclaircir.
C'est ainsi que vous parle un ami véritable.
Mais souvent sur ses vers un auteur intraitable
A les protéger tous se croit intéressé,
Et d'abord prend en main le droit de l'offensé.
De ce vers, direz-vous, l'expression est basse.
— Ah ! monsieur, pour ce vers je vous demande grâce,
Répondra-t-il d'abord. — Ce mot me semble froid ;
Je le retrancherais. — C'est le plus bel endroit !
— Ce tour ne me plaît pas. — Tout le monde l'admire !
Ainsi toujours constant à ne se point dédire,
Qu'un mot dans son ouvrage ait paru vous blesser,
C'est un titre chez lui pour ne point l'effacer.
Cependant, à l'entendre, il chérit la critique ;
Vous avez sur ses vers un pouvoir despotique ;
Mais tout ce beau discours dont il vient vous flatter
N'est rien qu'un piége adroit pour vous les réciter.

Aussitôt il vous quitte, et, content de sa muse,
S'en va chercher ailleurs quelque fat qu'il abuse;
Car souvent il en trouve : ainsi qu'en sots auteurs,
Notre siècle est fertile en sots admirateurs;
Et sans ceux que fournit la ville et la province,
Il en est chez le duc, il en est chez le prince.
L'ouvrage le plus plat a chez les courtisans
De tout temps rencontré de nombreux partisans;
Et, pour finir enfin par un trait de satire,
Un sot trouve toujours un plus sot qui l'admire.

CHANT II.

Telle qu'une bergère, au plus beau jour de fête,
De superbes rubis ne charge point sa tête,
Et, sans mêler à l'or l'éclat des diamants,
Cueille en un champ voisin ses plus beaux ornements ;
Telle, aimable en son air, mais humble dans son style,
Doit éclater sans pompe une élégante Idylle [1].
Son tour simple et naïf n'a rien de fastueux,
Et n'aime point l'orgueil d'un vers présomptueux.
Il faut que sa douceur flatte, chatouille, éveille,
Et jamais de grands mots n'épouvante l'oreille.
Mais souvent dans ce style un rimeur aux abois
Jette là de dépit la flûte et le hautbois ;

---

[1] ..... Une élégante idylle.

L'Idylle est un petit poëme pastoral dans lequel le poëte retrace les jeux et les amours des bergers. Théocrite passe pour l'inventeur de ce poëme, où se sont illustrés après lui Bion et Moscus. Les poëtes qui ont le mieux réussi parmi nous dans l'Idylle sont Ségrais, madame Deshoulières, Léonard et André Chénier.

2.

Et follement pompeux dans sa verve indiscrète,
Au milieu d'une Églogue entonne la trompette.
De peur de l'écouter, Pan fuit dans les roseaux,
Et les Nymphes d'effroi se cachent sous les eaux.

Au contraire, cet autre, abject en son langage,
Fait parler ses bergers comme on parle au village;
Ses vers plats et grossiers, dépouillés d'agrément,
Toujours baisent la terre et rampent tristement.
On dirait que Ronsard[1], sur ses pipeaux rustiques,
Vient encor fredonner ses idylles gothiques,
Et changer, sans respect de l'oreille et du son,
Lycidas en Pierrot, et Philis en Toinon.

Entre ces deux excès la route est difficile :
Suivez, pour la trouver, Théocrite[2] et Virgile[3];
Que leurs tendres écrits, par les Grâces dictés,
Ne quittent point vos mains, jour et nuit feuilletés;
Seuls, dans leurs doctes vers, ils pourront vous apprendre

---

[1]   On dirait que Ronsard...
         Vient... changer, sans respect de l'oreille et du son,
         Lycidas en Pierrot, et Philis en Toinon.

RONSARD avait donné aux personnages de ses églogues les noms
de *Henriot, Carlin, Margot, Pierrot, Marion, Guillot*, etc. qu'il
croyait mieux assortis à la simplicité du genre que ceux de *Tir-
cis, Tityre, Lycoris*, etc.

[2] THÉOCRITE, poëte grec, né à Syracuse, florissait sous Ptolémée
Philadelphe, trois siècles avant J.-C.

[3] VIRGILE, le premier des poëtes latins, naquit à Andès, village près
de Mantoue, 70 ans avant J.-C. Ses *Églogues*, ses *Géorgiques* et
son *Énéide* lui méritèrent l'amitié d'Auguste et de Mécènes, et
l'admiration de tous les Romains.

Par quel art sans bassesse un auteur peut descendre ;
Chanter Flore, les champs, Pomone, les vergers,
Au combat de la flûte animer deux bergers ;
Des plaisirs de l'amour vanter la douce amorce ;
Changer Narcisse en fleur, couvrir Daphné d'écorce ;
Et par quel art encor l'Églogue quelquefois
Rend dignes d'un consul la campagne et les bois.
Tel est de ce poëme et la force et la grâce.

D'un ton un peu plus haut, mais pourtant sans audace,
La plaintive Élégie, en longs habits de deuil,
Sait, les cheveux épars, gémir sur un cercueil.
Elle peint des amants la joie et la tristesse,
Flatte, menace, irrite, apaise une maîtresse.
Mais, pour bien exprimer ses caprices heureux,
C'est peu d'être poëte, il faut être amoureux.

Je hais ces vains auteurs dont la muse forcée
M'entretient de ses feux toujours froide et glacée,
Qui s'affligent par art, et fous de sens rassis,
S'érigent, pour rimer, en amoureux transis.
Leurs transports les plus doux ne sont que phrases vaines ;
Ils ne savent jamais que se charger de chaînes,
Que bénir leur martyre, adorer leur prison,
Et faire quereller le sens et la raison.
Ce n'était pas jadis sur ce ton ridicule
Qu'Amour dictait les vers que soupirait Tibulle[1],

---

[1] TIBULLE naquit à Rome 43 ans avant J.-C., et mourut la dix-

Ou que du tendre Ovide [1] animant les doux sons,
Il donnait de son art les charmantes leçons.
Il faut que le cœur seul parle dans l'Élégie.

L'Ode, avec plus d'éclat et non moins d'énergie,
Élevant jusqu'au ciel son vol ambitieux,
Entretient dans ses vers commerce avec les dieux.
Aux athlètes dans Pise elle ouvre la barrière;
Chante un vainqueur poudreux au bout de la carrière;
Mène Achille sanglant au bord du Simoïs,
Ou fait fléchir l'Escaut sous le joug de Leuis.
Tantôt, comme une abeille ardente à son ouvrage,
Elle s'en va de fleurs dépouiller le rivage :
Elle peint les festins, les danses et les ris;
Vante un baiser cueilli sur les lèvres d'Iris,
Qui mollement résiste, et, par un doux caprice,
Quelquefois le refuse, afin qu'on le ravisse.
Son style impétueux souvent marche au hasard :
Chez elle un beau désordre est un effet de l'art.

Loin ces rimeurs craintifs dont l'esprit flegmatique
Garde dans ses fureurs un ordre didactique;
Qui, chantant d'un héros les progrès éclatants,
Maigres historiens, suivront l'ordre des temps.

septième année de l'ère chrétienne. Il a composé quatre livres d'é-
légies pleines de délicatesse et de sentiment.

[1] OVIDE, poète latin, né à Sulmone (Abruzze). l'an 43 avant J.-C.,
est mort en exil à Toniswar, sur la mer Noire, la 17e année de l'ère
chrétienne. Ses principaux ouvrages sont *les Métamorphoses*, *les
Fastes*, *les Tristes*, *les Élégies* et *les Héroïdes*,

Ils n'osent un moment perdre un sujet de vue :
Pour prendre Dôle, il faut que Lille soit rendue,
Et que leur vers exact, ainsi que Mézeray[1],
Ait fait déjà tomber les remparts de Courtray.
Apollon de son feu leur fut toujours avare.

On dit à ce propos qu'un jour ce dieu bizarre,
Voulant pousser à bout tous les rimeurs français,
Inventa du Sonnet les rigoureuses lois ;
Voulut qu'en deux quatrains de mesure pareille,
La rime avec deux sons frappât huit fois l'oreille ;
Et qu'ensuite six vers, artistement rangés,
Fussent en deux tercets par le sens partagés.
Surtout de ce poëme il bannit la licence :
Lui-même en mesura le nombre et la cadence ;
Défendit qu'un vers faible y pût jamais entrer,
Ni qu'un mot déjà mis osât s'y remontrer.
Du reste, il l'enrichit d'une beauté suprême :
Un sonnet sans défaut vaut seul un long poëme.
Mais en vain mille auteurs y pensent arriver,
Et cet heureux phénix est encore à trouver.
A peine dans Gombault, Maynard et Malleville[2],
En peut-on admirer deux ou trois entre mille :

[1] MÉZERAY (François-Eudes de), historien, né , en 1610, à Ry en Basse-Normandie, et mort à Paris en 1683. On lui doit une *His-toire sur l'origine des Français* et un *Abrégé chronologique de l'histoire de France*, livre très-estimé.

[2] GOMBAULT fut un des premiers membres de l'Académie française. Ses ouvrages, à l'exception de quelques sonnets, sont oubliés aujourd'hui.

MAYNARD, né en 1582, mort en 1646, fut, comme le précédent, un des premiers membres de l'Académie française. On n'a guère re-

Le reste, aussi peu lu que ceux de Pelletier[1],
N'a fait de chez Sercy qu'un saut chez l'épicier.
Pour enfermer son sens dans la borne prescrite,
La mesure est toujours trop grande ou trop petite.

L'Épigramme, plus libre, en son tour plus borné,
N'est souvent qu'un bon mot de deux rimes orné.
Jadis de nos auteurs les pointes ignorées
Furent de l'Italie en nos vers attirées;
Le vulgaire, ébloui de leur faux agrément,
A ce nouvel appât courut avidement.
La faveur du public excitant leur audace,
Leur nombre impétueux inonda le Parnasse.
Le Madrigal d'abord en fut enveloppé;
Le Sonnet orgueilleux lui-même en fut frappé;
La Tragédie en fit ses plus chères délices;
L'Élégie en orna ses douloureux caprices;
Un héros sur la scène eut soin de s'en parer,
Et sans pointe un amant n'osa plus soupirer.
On vit tous les bergers, dans leurs plaintes nouvelles,
Fidèles à leur pointe encor plus qu'à leurs belles.

tenu de lui que ces vers, qu'il avait placés sur la porte de son cabinet :

> Las d'espérer, et de me plaindre
> Des muses, des grands et du sort,
> C'est ici que j'attends la mort,
> Sans la désirer ni la craindre.

MALLEVILLE (Claude), membre de l'Académie française, naquit à Paris, où il mourut en 1647. Sa ballade intitulée *la Belle Matineuse* est celle à laquelle Boileau donnait la préférence.

[1] DU PELLETIER (Guillaume), mauvais rimeur, avait coutume, dès qu'il paraissait un livre nouveau, d'adresser un sonnet à l'auteur, afin d'obtenir un exemplaire de son ouvrage.

Chaque mot eut toujours deux visages divers :
La prose la reçut aussi bien que les vers ;
L'avocat au palais en hérissa son style,
Et le docteur en chaire en sema l'Évangile.

La raison outragée enfin ouvrit les yeux,
La chassa pour jamais des discours sérieux ;
Et, dans tous ses écrits la déclarant infâme,
Par grâce lui-laissa l'entrée en l'épigramme,
Pourvu que sa finesse, éclatant à propos,
Roulât sur la pensée, et non pas sur les mots.
Ainsi de toutes parts les désordres cessèrent.
Toutefois à la cour les Turlupins [1] restèrent,
Insipides plaisants, bouffons infortunés,
D'un jeu de mots grossier partisans surannés.
Ce n'est pas quelquefois qu'une muse un peu fine
Sur un mot en passant ne joue et ne badine,
Et d'un sens détourné n'abuse avec succès :
Mais fuyez sur ce point un ridicule excès,
Et n'allez pas toujours d'une pointe frivole
Aiguiser par la queue une épigramme folle.

Tout poëme est brillant de sa propre beauté.
Le Rondeau [2], né Gaulois, a la naïveté.

[1] *Turlupin* était le bouffon de la troupe des comédiens de l'hôtel de Bourgogne.

[2]   Le Rondeau, né Gaulois...

Le rondeau est d'origine française. Ce petit poëme comprend treize vers qui roulent sur deux rimes. La première est employée huit fois et la seconde cinq fois. Il est divisé en trois stances, de

La Ballade, asservie à ses vieilles maximes,
Souvent doit tout son lustre au caprice des rimes.
Le Madrigal, plus simple et plus noble en son tour,
Respire la douceur, la tendresse et l'amour.

L'ardeur de se montrer et non pas de médire
Arma la vérité du vers de la Satire.
Lucile [1] le premier osa la faire voir,
Aux vices des Romains présenta le miroir;
Vengea l'humble vertu de la richesse altière,
Et l'honnête homme à pied du faquin en litière.
Horace [2] à cette aigreur mêla son enjouement :
On ne fut plus ni fat, ni sot impunément;
Et malheur à tout nom qui, propre à la censure,
Put entrer dans un vers sans rompre la mesure.
Perse [3] en ses vers obscurs, mais serrés et pressants,
Affecta d'enfermer moins de mots que de sens.

cinq, trois et cinq vers, et ces trois stances sont terminées par un refrain formé des premiers mots de la première stance.

[1] LUCILE, chevalier romain, né à Suessa, 147 ans avant J.-C., était le grand-oncle maternel de Pompée ; il passe pour l'inventeur de la satire chez les Latins. Des trente satires qu'il a composées, quelques fragments seuls nous sont parvenus.

[2] HORACE naquit à Venuse, dans la Pouille, 65 ans avant J.-C , et mourut à l'âge de 57 ans. Il fut dans l'ode le rival de Pindare et d'Anacréon. Il écrivit des épîtres et des satires qui servent encore aujourd'hui de modèles. Boileau a imité tous les passages importants de son *Art poétique*.

[3] PERSE écrivait à Rome du temps de Néron, qu'il accabla de ses traits satiriques. Il ne nous reste de lui que six satires. Ce poëte, né en Toscane, la trente-quatrième année de l'ère chrétienne, mourut à Rome, âgé seulement de 28 ans. Il fit son héritier le philosophe Cornutus, son précepteur et son ami.

Juvénal[1], élevé dans les cris de l'école,
Poussa jusqu'à l'excès sa mordante hyperbole ;
Ses ouvrages, tout pleins d'affreuses vérités,
Étincellent pourtant de sublimes beautés :
Soit que sur un écrit arrivé de Caprée,
Il brise de Séjan la statue adorée ;
Soit qu'il fasse au conseil courir les sénateurs,
D'un tyran soupçonneux pâles adulateurs ;
Ou que, poussant à bout la luxure latine,
Aux portefaix de Rome il vende Messaline,
Ses écrits pleins de feu partout brillent aux yeux.
De ces maîtres savants disciple ingénieux,
Regnier[2] seul parmi nous, formé sur leurs modèles,
Dans son vieux style encore a des grâces nouvelles.
Heureux, si ses discours, craints du chaste lecteur,
Ne se sentaient des lieux que fréquentait l'auteur ;
Et si du son hardi de ses rimes cyniques,
Il n'alarmait souvent les oreilles pudiques !

Le latin dans les mots brave l'honnêteté ;
Mais le lecteur français veut être respecté :
Du moindre sens impur la liberté l'outrage,
Si la pudeur des mots n'en adoucit l'image.

[1] JUVÉNAL attaqua dans ses satires Néron, puis Domitien, qui l'exila dans la Pentapole. Il revint à Rome, où il mourut l'an 128 de J.-C. Nous avons de lui seize satires.

[2] REGNIER (Mathurin), né à Chartres en 1573, est mort à Rouen en 1613. Imitateur de Perse et de Juvénal, il attaqua avec une verve souvent licencieuse tous ceux qui lui déplaisaient. Ses œuvres se composent de *Satires*, d'*Épîtres*, d'*Élégies*, de *Stances* et d'*Odes*.

3

Je veux dans la satire un esprit de candeur,
Et fuis un effronté qui prêche la pudeur.

D'un trait de ce poëme, en bons mots si fertile,
Le Français, né malin, forma le Vaudeville [1],
Agréable indiscret, qui, conduit par le chant,
Passe de bouche en bouche, et s'accroît en marchant ;
La liberté française en ses vers se déploie.
Cet enfant du plaisir veut naître dans la joie ;
Toutefois n'allez pas, goguenard dangereux,
Faire Dieu le sujet d'un badinage affreux.
A la fin tous ces jeux, que l'athéisme élève,
Conduisent tristement le plaisant à la Grève.
Il faut, même en chansons, du bon sens et de l'art.
Mais pourtant on a vu le vin et le hasard
Inspirer quelquefois une muse grossière,
Et fournir, sans génie, un couplet à Linière [2].
Mais pour un vain honneur qui vous a fait rimer,
Gardez qu'un sot orgueil ne vous vienne enfumer.
Souvent l'auteur altier de quelque chansonnette
Au même instant prend droit de se croire poëte :
Il ne dormira plus qu'il n'ait fait un sonnet ;
Il met tous les matins six impromptus au net ;

---

[1] Le Français, né malin, forma le Vaudeville.

Le mot *Vaudeville* vient de ces trois mots : *val de Vire*, ou vallée de la rivière de Vire (Normandie), près de laquelle Olivier Basselin amusait ses compatriotes, au XVe siècle, par ses chansons facétieuses et ses couplets satiriques.

[2] Linière, qui mourut en 1704, âgé de 76 ans, eut dans son temps quelque réputation comme poëte. Il avait le talent de traiter facilement les sujets les plus frivoles.

Encore est-ce un miracle, en ses vagues furies,
Si bientôt, imprimant ses sottes rêveries,
Il ne se fait graver au-devant du recueil,
Couronné de lauriers, par la main de Nanteuil [1].

[1] NANTEUIL (Robert), né à Reims en 1630, excella dans la peinture
et la gravure. Il mourut à Paris en 1678.

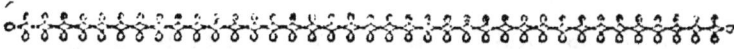

CHANT III.

Il n'est point de serpent ni de monstre odieux,
Qui, par l'art imité, ne puisse plaire aux yeux;
D'un pinceau délicat l'artifice agréable
Du plus affreux objet fait un objet aimable.
Ainsi, pour nous charmer, la Tragédie en pleurs,
D'OEdipe [1] tout sanglant fit parler les douleurs,
D'Oreste [2] parricide exprima les alarmes,
Et, pour nous divertir, nous arracha des larmes.

Vous donc qui, d'un beau feu pour le théâtre épris,
Venez en vers pompeux y disputer le prix,
Voulez-vous sur la scène étaler des ouvrages
Où tout Paris en foule apporte ses suffrages,
Et qui, toujours plus beaux plus ils sont regardés,
Soient au bout de vingt ans encor redemandés?

[1]   D'OEdipe tout sanglant...
OEDIPE, tragédie de Sophocle.
[2]   D'Oreste parricide...
ORESTE, tragédie d'Euripide.

Que dans tous vos discours la passion émue
Aille chercher le cœur, l'échauffe et le remue :
Si d'un beau mouvement l'agréable fureur
Souvent ne nous remplit d'une douce terreur,
Ou n'excite en notre âme une pitié charmante,
En vain vous étalez une scène savante ;
Vos froids raisonnements ne feront qu'attiédir
Un spectateur toujours paresseux d'applaudir,
Et qui des vains efforts de votre rhétorique
Justement fatigué, s'endort, ou vous critique.
Le secret est d'abord de plaire et de toucher.
Inventez des ressorts qui puissent m'attacher.

Que dès les premiers vers l'action préparée
Sans peine du sujet aplanisse l'entrée.
Je me ris d'un auteur qui, lent à s'exprimer,
De ce qu'il veut d'abord ne sait pas m'informer,
Et qui, débrouillant mal une pénible intrigue,
D'un divertissement me fait une fatigue.
J'aimerais mieux encor qu'il déclinât son nom,
Et dît je suis Oreste, ou bien Agamemnon,
Que d'aller, par un tas de confuses merveilles,
Sans rien dire à l'esprit, étourdir les oreilles.
Le sujet n'est jamais assez tôt expliqué.

Que le lieu de la scène y soit fixe et marqué.
Un rimeur, sans péril [1], delà les Pyrénées,

---

1   Un rimeur, sans péril...
LOPEZ DE VEGA, poëte espagnol, pour se conformer au goût de
son temps, et intéresser les femmes, qui voulaient qu'au théâtre on

Sur la scène en un jour renferme des années ;
Là souvent le héros d'un spectacle grossier,
Enfant au premier acte, est barbon au dernier.
Mais nous, que la raison à ses règles engage,
Nous voulons qu'avec art l'action se ménage ;
Qu'en un lieu, qu'en un jour un seul fait accompli
Tienne jusqu'à la fin le théâtre rempli.

Jamais au spectateur n'offrez rien d'incroyable.
Le vrai peut quelquefois n'être pas vraisemblable.
Une merveille absurde est pour moi sans appas :
L'esprit n'est point ému de ce qu'il ne croit pas.
Ce qu'on ne doit point voir qu'un récit nous l'expose :
Les yeux en le voyant saisiraient mieux la chose ;
Mais il est des objets que l'art judicieux
Doit offrir à l'oreille et reculer des yeux.
Que le trouble, toujours croissant de scène en scène,
A son comble arrivé se débrouille sans peine.
L'esprit ne se sent point plus vivement frappé
Que lorsqu'en un sujet d'intrigue enveloppé,
D'un secret tout à coup la vérité connue
Change tout, donne à tout une face imprévue.

La Tragédie, informe et grossière en naissant,
N'était qu'un simple chœur, où chacun, en dansant
Et du dieu des raisins entonnant les louanges,
S'efforçait d'attirer de fertiles vendanges.

---

eur offrit quelque chose d'extraordinaire, représenta l'histoire
de plusieurs personnages,(qui, enfants au premier acte, paraissaient,
à la fin de ses pièces, à peu près octogénaires.

Là, le vin et la joie éveillant les esprits,
Du plus habile chantre un bouc était le prix.
Thespis [1] fut le premier qui, barbouillé de lie,
Promena par les bourgs cette heureuse folie,
Et, d'acteurs mal ornés chargeant un tombereau,
Amusa les passants d'un spectacle nouveau.
Eschyle [2] dans le chœur jeta les personnages,
D'un masque plus honnête habilla les visages ;
Sur les ais d'un théâtre, en public exhaussé,
Fit paraître l'acteur d'un brodequin chaussé.
Sophocle [3] enfin, donnant l'essor à son génie,
Accrut encor la pompe, augmenta l'harmonie,
Intéressa le chœur dans toute l'action,
Des vers trop raboteux polit l'expression,
Lui donna chez les Grecs cette hauteur divine
Où jamais n'atteignit la faiblesse latine.

Chez nos dévots aïeux, le théâtre abhorré

---

[1] THESPIS, poëte grec, qui passe pour l'inventeur de la tragédie, vivait au VI⁰ siècle avant J.-C.

[2] ESCHYLE, poëte grec, naquit à Athènes dans le V⁰ siècle avant J.-C. Il modifia l'art dramatique que Thespis avait laissé informe. Il fit monter sur un théâtre les acteurs, qui avant lui jouaient sur un tombereau ambulant. Eschyle mourut l'an 477 avant J.-C. Il composa quatre-vingt-dix-sept tragédies, dont sept seulement nous sont parvenues ; c'est : *Prométhée, les Sept au siége de Thèbes, les Perses, Agamemnon, les Euménides, les Suppliantes, les Coéphores.*

[3] SOPHOCLE, le premier des poëtes tragiques grecs, naquit dans l'Attique au V⁰ siècle avant J.-C. Des cent vingt tragédies qu'il a composées, il ne nous en reste que sept : *Ajax, Electre, OEdipe, Antigone, OEdipe à Colone, les Trachiniennes* et *Philoctète.* Sophocle mourut dans sa quatre-vingt-dixième année,

Fut longtemps dans la France un plaisir ignoré.
De pèlerins[1], dit-on, une troupe grossière,
En public, à Paris, y monta la première ;
Et, sottement zélée en sa simplicité,
Joua les Saints, la Vierge et Dieu par piété.
Le savoir, à la fin, dissipant l'ignorance,
Fit voir de ce projet la dévote imprudence.
On chassa ces docteurs prêchant sans mission ;
On vit renaître Hector, Andromaque, Ilion ;
Seulement, les acteurs laissant le masque antique,
Le violon tint lieu de chœur et de musique.

Bientôt l'amour, fertile en tendres sentiments,
S'empara du théâtre, ainsi que des romans.
De cette passion la sensible peinture
Est pour aller au cœur la route la plus sûre.
Peignez donc, j'y consens, les héros amoureux ;
Mais ne m'en formez pas des bergers doucereux.
Qu'Achille aime autrement que Thyrcis et Philène :
N'allez pas d'un Cyrus nous faire un Artamène[2] ;

1   De pèlerins, dit-on, une troupe grossière, etc.

Les pèlerins, qui revenaient de la Terre-Sainte par troupes, chantaient dans les places publiques des cantiques sur leurs voyages, le martyre des saints, la vie et la mort de J.-C. Les *Confrères de la Passion* se réunirent plus tard et commencèrent, en 1402, à jouer des pièces tirées des sujets sacrés. Ces pièces, où la religion se trouva bientôt mêlée aux plus grossières bouffonneries, furent défendues en 1545.

2   N'allez pas d'un Cyrus nous faire un Artamène.

Artamène ou *le Grand Cyrus*, est un roman de mademoiselle de Scudéry.

Et que l'amour, souvent de remords combattu,
Paraisse une faiblesse, et non une vertu.

Des héros de roman fuyez les petitesses ;
Toutefois aux grands cœurs donnez quelques faiblesses.
Achille déplairait moins bouillant et moins prompt ;
J'aime à lui voir verser des pleurs pour un affront.
A ces petits défauts marqués dans sa peinture,
L'esprit avec plaisir reconnaît la nature :
Qu'il soit sur ce modèle en vos écrits tracé ;
Qu'Agamemnon soit fier, superbe, intéressé ;
Que pour ses dieux Énée ait un respect austère.
Conservez à chacun son propre caractère ;
Des siècles, des pays étudiez les mœurs :
Les climats font souvent les diverses humeurs.

Gardez donc de donner, ainsi que dans Clélie [1],
L'air ni l'esprit français à l'antique Italie,
Et, sous des noms romains faisant notre portrait,
Peindre Caton galant, et Brutus dameret.
Dans un roman frivole aisément tout s'excuse ;
C'est assez qu'en courant la fiction amuse ;
Trop de rigueur alors serait hors de saison :
Mais la scène demande une exacte raison ;
L'étroite bienséance y veut être gardée.

[1] Gardez donc de donner, ainsi que dans Clélie.

Clélie est un autre roman de mademoiselle de Scudéry, dans lequel elle fait paraître sous des noms romains une foule de personnages de son siècle.

D'un nouveau personnage inventez-vous l'idée?
Qu'en tout avec soi-même il se montre d'accord,
Et qu'il soit jusqu'au bout tel qu'on l'a vu d'abord.

Souvent, sans y penser, un écrivain qui s'aime
Forme tous ses héros semblables à soi-même :
Tout a l'humeur gasconne en un auteur gascon;
Calprenède[1] et Juba[2] parlent du même ton.
La nature est en nous plus diverse et plus sage,
Chaque passion parle un différent langage :
La colère est superbe, et veut des mots altiers;
L'abattement s'explique en des termes moins fiers;
Que devant Troie en flamme Hécube désolée
Ne vienne pas pousser une plainte ampoulée,
Ni sans raison décrire en quel affreux pays
Par sept bouches l'Euxin reçoit le Tanaïs :
Tous ces pompeux amas d'expressions frivoles
Sont d'un déclamateur amoureux de paroles.
Il faut dans la douleur que vous vous abaissiez;
Pour me tirer des pleurs, il faut que vous pleuriez.
Ces grands mots dont alors l'acteur emplit sa bouche
Ne partent point d'un cœur que la misère touche.

Le théâtre, fertile en censeurs pointilleux,

----

[1] CALPRENÈDE (Gauthier de Costes, seigneur de la), composa plusieurs tragédies qui eurent peu de succès. Il dut sa réputation à deux mauvais romans, *Cassandre* et *Cléopâtre*. Il mourut avant d'avoir pu terminer *Pharamond*, autre roman qui eût été sans contredit son meilleur ouvrage.

[2] *Juba*, personnage principal de la *Cléopâtre*, roman de Calprenède.

Chez nous pour se produire est un champ périlleux.
Un auteur n'y fait pas de faciles conquêtes ;
Il trouve à le siffler des bouches toujours prêtes ;
Chacun le peut traiter de fat et d'ignorant :
C'est un droit qu'à la porte on achète en entrant.
Il faut qu'en cent façons pour plaire il se replie,
Que tantôt il s'élève, et tantôt s'humilie ;
Qu'en nobles sentiments il soit partout fécond ;
Qu'il soit aisé, solide, agréable, profond ;
Que de traits surprenants sans cesse il nous réveille ;
Qu'il coure dans ses vers de merveille en merveille ;
Et que tout ce qu'il dit, facile à retenir,
De son ouvrage en nous laisse un long souvenir.
Ainsi la tragédie agit, marche et s'explique.

D'un air plus grand encor la poésie épique,
Dans le vaste récit d'une longue action,
Se soutient par la fable, et vit de fiction.
Là, pour nous enchanter, tout est mis en usage ;
Tout prend un corps, une âme, un esprit, un visage ;
Chaque vertu devient une divinité :
Minerve est la prudence, et Vénus la beauté ;
Ce n'est plus la vapeur qui produit le tonnerre :
C'est Jupiter armé pour effrayer la terre ;
Un orage terrible aux yeux des matelots,
C'est Neptune en courroux qui gourmande les flots ;
Écho n'est plus un son qui dans l'air retentisse :
C'est une nymphe en pleurs qui se plaint de Narcisse.
Ainsi, dans cet amas de nobles fictions,
Le poëte s'égaie en mille inventions,

Orne, élève, embellit, agrandit toutes choses,
Et trouve sous sa main des fleurs toujours écloses.
Qu'Énée, et ses vaisseaux par le vent écartés,
Soient aux bords africains d'un orage emportés,
Ce n'est qu'une aventure ordinaire et commune,
Qu'un coup peu surprenant des traits de la fortune ;
Mais que Junon, constante en son aversion,
Poursuive sur les flots les restes d'Ilion ;
Qu'Éole, en sa faveur les chassant d'Italie,
Ouvre aux vents mutinés les prisons d'Éolie ;
Que Neptune en courroux s'élevant sur la mer,
D'un mot calme les flots, mette la paix dans l'air,
Délivre les vaisseaux, des syrtes les arrache :
C'est là ce qui surprend, frappe, saisit, attache.
Sans tous ces ornements le vers tombe en langueur ;
La poésie est morte ou rampe sans vigueur ;
Le poële n'est plus qu'un orateur timide,
Qu'un froid historien d'une fable insipide.
C'est donc bien vainement que nos auteurs déçus,
Bannissant de leurs vers ces ornements reçus,
Pensent faire agir Dieu, ses saints et ses prophètes
Comme ces dieux éclos du cerveau des poëtes ;
Mettent à chaque pas le lecteur en enfer ;
N'offrent rien qu'Astaroth, Belzébuth, Lucifer.
De la foi d'un chrétien les mystères terribles
D'ornements égayés ne sont point susceptibles ;

---

1 Qu'Énée et ses vaisseaux par le vent écartés.

 Boileau analyse dans ce vers et les dix suivants une partie du premier chant de l'*Énéide*.

L'Évangile à l'esprit n'offre de tous côtés
Que pénitence à faire, et tourments mérités;
Et de vos fictions le mélange coupable
Même à ces vérités donne l'air de la fable.

Et quel objet enfin à présenter aux yeux,
Que le diable toujours hurlant contre les cieux,
Qui de votre héros veut rabaisser la gloire,
Et souvent avec Dieu balance la victoire?
Le Tasse[1], dira-t-on, l'a fait avec succès.
Je ne veux point ici lui faire son procès;
Mais, quoi que notre siècle à sa gloire publie,
Il n'eût point de son livre illustré l'Italie,
Si son sage héros, toujours en oraison,
N'eût fait que mettre enfin Satan à la raison;
Et si Renaud, Argant, Tancrède et sa maîtresse[2]
N'eussent de son sujet égayé la tristesse.

Ce n'est pas que j'approuve en un sujet chrétien
Un auteur follement idolâtre et païen;
Mais, dans une profane et riante peinture,
De n'oser de la fable employer la figure,
De chasser les Tritons de l'empire des eaux;
D'ôter à Pan sa flûte, aux Parques leurs ciseaux;

[1] LE TASSE (Torquato TASSO), poëte italien, auteur de la *Jérusalem délivrée*, naquit à Sorrento, dans le royaume de Naples, le 11 mars 1544, et mourut à Rome le 15 avril 1595.

[2]   Et si Renau   gant, Tancrède et sa maîtresse,
   Principaux personnages de la *Jérusalem délivrée*.

D'empêcher que Caron dans sa fatale barque
Ainsi que le berger ne passe le monarque :
C'est d'un scrupule vain s'alarmer sottement,
Et vouloir aux lecteurs plaire sans agrément.
Bientôt ils défendront de peindre la Prudence,
De donner à Thémis ni bandeau ni balance,
De figurer aux yeux la Guerre au front d'airain,
Ou le Temps qui s'enfuit une horloge à la main ;
Et partout des discours, comme une idolâtrie,
Dans leur faux zèle, iront chasser l'allégorie.
Laissons-les s'applaudir de leur pieuse erreur ;
Mais pour nous bannissons une vaine terreur,
Et, fabuleux chrétiens, n'allons point, dans nos songes,
D'un Dieu de vérité faire un Dieu de mensonges.

La fable offre à l'esprit mille agréments divers ;
Là tous les noms heureux semblent nés pour les vers :
Ulysse, Agamemnon, Oreste, Idoménée,
Hélène, Ménélas, Pâris, Hector, Énée.
Oh ! le plaisant projet d'un poëte ignorant
Qui de tant de héros va choisir Childebrand[1] !
D'un seul nom quelquefois le son dur ou bizarre
Rend un poëme entier ou burlesque ou barbare.

Voulez-vous longtemps plaire et jamais ne lasser ?
Faites choix d'un héros propre à m'intéresser,

---

[1] *Childebrand*, héros du poëme *les Sarrasins chassés de France*, par de Sainte-Garde.

En valeur éclatant, en vertus magnifique;
Qu'en lui, jusqu'aux défauts, tout se montre héroïque;
Que ses faits surprenants soient dignes d'être ouïs;
Qu'il soit tel que César, Alexandre ou Louis;
Non tel que Polynice et son perfide frère :
On s'ennuie aux exploits d'un conquérant vulgaire.

N'offrez point un sujet d'incidents trop chargé :
Le seul courroux d'Achille, avec art ménagé,
Remplit abondamment une Iliade entière;
Souvent trop d'abondance appauvrit la matière.

Soyez vif et pressé dans vos narrations;
Soyez riche et pompeux dans vos descriptions.
C'est là qu'il faut des vers étaler l'élégance :
N'y présentez jamais de basse circonstance;
N'imitez pas ce fou[1] qui, décrivant les mers,
Et peignant, au milieu de leurs flots entr'ouverts,
L'Hébreu sauvé du joug de ses injustes maîtres,
Met pour le voir passer les poissons aux fenêtres;
Peint le petit enfant qui va, saute, revient,
Et joyeux à sa mère offre un caillou qu'il tient.
Sur de trop vains objets c'est arrêter la vue.
Donnez à votre ouvrage une juste étendue;

---

1   N'imitez pas ce fou...

SAINT-AMAND, dans son poëme de *Moïse sauvé*, termine sa description du passage de la Mer Rouge par ces deux vers :

    Et là, près des remparts que l'œil peut transpercer,
    Les poissons esbahis les regardent passer.

Que le début soit simple et n'ait rien d'affecté;
N'allez pas dès l'abord, sur Pégase monté,
Crier à vos lecteurs d'une voix de tonnerre :
« Je chante le vainqueur des vainqueurs de la terre[1]! »
Que produira l'auteur après tous ces grands cris?
La montagne en travail enfante une souris.
Oh! que j'aime bien mieux cet auteur plein d'adresse
Qui, sans faire d'abord de si hautes promesses,
Me dit d'un ton aisé, doux, simple, harmonieux :
« Je chante les combats et cet homme pieux
« Qui, des bords phrygiens conduit dans l'Ausonie,
« Le premier aborda les champs de Lavinie[2]! »
Sa muse en arrivant ne met pas tout en feu,
Et pour donner beaucoup ne nous promet que peu.
Bientôt vous la verrez, prodiguant les miracles,
Du destin des Latins prononcer les oracles;
De Styx et d'Achéron peindre les noirs torrents,
Et déjà les Césars dans l'Élysée errants.

De figures sans nombre égayez votre ouvrage,
Que tout y fasse aux yeux une riante image :
On peut être à la fois et pompeux et plaisant,
Et je hais un sublime ennuyeux et pesant.
J'aime mieux Arioste et ses fables comiques[3]

---

[1]   Je chante le vainqueur des vainqueurs de la terre.
Boileau cite ici le premier vers du poëme d'*Alaric*, de Scudéry.

[2]   Je chante les combats...
Boileau traduit dans ces trois vers le début de l'*Énéide*.

[3] ARIOSTE, poëte italien, auteur de *Roland le Furieux*, poëme rempli de fictions ingénieuses mais tout-à-fait invraisemblables.

Que ces auteurs toujours froids et mélancoliques,
Qui dans leur sombre humeur se croiraient faire affront
Si les Grâces jamais leur déridaient le front.
On dirait que pour plaire, instruit par la nature,
Homère¹ ait à Vénus dérobé sa ceinture.
Son livre est d'agréments un fertile trésor :
Tout ce qu'il a touché se convertit en or ;
Tout reçoit dans ses mains une nouvelle grâce ;
Partout il divertit, et jamais il ne lasse.
Une heureuse chaleur anime ses discours ;
Il ne s'égare point en de trop longs détours ;
Sans garder dans ses vers un ordre méthodique,
Son sujet de soi-même et s'arrange et s'explique ;
Tout, sans faire d'apprêt, s'y prépare aisément :
Chaque vers, chaque mot court à l'événement.
Aimez donc ses écrits, mais d'un amour sincère :
C'est avoir profité que de savoir s'y plaire.

Un poëme excellent, où tout marche et se suit,
N'est pas de ces travaux qu'un caprice produit ;
Il veut du temps, des soins, et ce pénible ouvrage
Jamais d'un écolier ne fut l'apprentissage.
Mais souvent parmi nous un poëte sans art,
Qu'un beau feu quelquefois échauffa par hasard,
Enflant d'un vain orgueil son esprit chimérique,

---

¹ HOMÈRE, le plus célèbre de tous les poëtes grecs, vivait au
Xᵉ siècle avant J.-C., trois cents ans après la prise de Troie. On
lui doit deux poëmes épiques, l'Iliade et l'Odyssée. On attribue à
Homère le petit poëme intitulé, la Batrachomyomachie ou le
Combat des Rats et des Grenouilles.

4.

Fièrement prend en main la trompette héroïque,
Sa muse déréglée en ses vers vagabonds
Ne s'élève jamais que par sauts et par bonds;
Et son feu, dépourvu de sens et de lecture,
S'éteint à chaque pas, faute de nourriture.
Mais en vain le public, prompt à le mépriser,
De son mérite faux le veut désabuser;
Lui-même applaudissant à son maigre génie,
Se donne par ses mains l'encens qu'on lui dénie :
Virgile, au prix de lui, n'a point d'invention;
Homère n'entend point la noble fiction.
Si contre cet arrêt le siècle se rebelle,
A la postérité d'abord il en appelle;
Mais, attendant qu'ici le bon sens de retour
Ramène triomphants ses ouvrages au jour,
Leurs tas au magasin, cachés à la lumière,
Combattent tristement les vers et la poussière.
Laissons-les donc entre eux s'escrimer en repos,
Et sans nous égarer suivons notre propos.

Des succès fortunés du spectacle tragique
Dans Athènes naquit la Comédie antique.
Là le Grec, né moqueur, par mille jeux plaisants,
Distilla le venin de ses traits médisants.
Aux accès insolents d'une bouffonne joie,
La sagesse, l'esprit, l'honneur furent en proie;
On vit par le public un poëte avoué [1]

---

[1] ... Un poëte avoué.

ARISTOPHANE, qui joua dans ses pièces les hommes les plus émi-
nents d'Athènes. Ce poëte vivait au V° siècle avant J.-C.

S'enrichir aux dépens du mérite joué,
Et Socrate[1], par lui dans un chœur de nuées,
D'un vil amas de peuple attirer les huées.
Enfin de la licence on arrêta le cours;
Le magistrat des lois emprunta le secours;
Et, rendant par édit les poëtes plus sages,
Défendit de marquer les noms et les visages.
Le théâtre perdit son antique fureur;
La Comédie apprit à rire sans aigreur,
Sans fiel et sans venin sut instruire et reprendre,
Et plut innocemment dans les vers de Ménandre[2].
Chacun, peint avec art dans ce nouveau miroir,
S'y vit avec plaisir, ou crut ne s'y point voir:
L'avare, des premiers, rit du tableau fidèle
D'un avare souvent tracé sur son modèle;
Et mille fois un fat, finement exprimé,
Méconnut le portrait sur lui-même formé.

Que la nature donc soit votre étude unique,
Auteurs qui prétendez aux honneurs du comique.
Quiconque voit bien l'homme, et d'un esprit profond
De tant de cœurs cachés a pénétré le fond;

---

1   Et Socrate par lui dans un chœur de nuées.

Dans sa comédie des *Nuées*, Aristophane s'efforça de rendre non-seulement ridicule mais encore odieux Socrate auquel il fait jouer le rôle d'un méprisable charlatan.

[2] MÉNANDRE, poëte comique, né à Athènes, 342 ans avant J.-C., reçut des Grecs le titre de *prince de la nouvelle comédie*. Il ne nous reste que quelques fragments des deux cent huit pièces que, dit-on, il a composées.

Qui sait bien ce que c'est qu'un prodigue, un avare,
Un honnête homme, un fat, un jaloux, un bizarre,
Sur une scène heureuse il peut les étaler,
Et les faire à nos yeux vivre, agir et parler.
Présentez-en partout les images naïves :
Que chacun y soit peint des couleurs les plus vives.
La nature, féconde en bizarres portraits,
Dans chaque âme est marquée à de différents traits ;
Un geste la découvre, un rien la fait paraître :
Mais tout esprit n'a pas des yeux pour la connaître.

Le temps qui change tout change aussi nos humeurs ;
Chaque âge a ses plaisirs, son esprit et ses mœurs.
Un jeune homme, toujours bouillant dans ses caprices,
Est prompt à recevoir l'impression des vices,
Est vain dans ses discours, volage en ses désirs,
Rétif à la censure, et fou dans les plaisirs.
L'âge viril, plus mûr, inspire un air plus sage,
Se pousse auprès des grands, s'intrigue, se ménage,
Contre les coups du sort songe à se maintenir,
Et loin dans le présent regarde l'avenir.
La vieillesse, chagrine, incessamment amasse,
Garde, non pas pour soi, les trésors qu'elle entasse ;
Marche en tous ses desseins d'un pas lent et glacé,
Toujours plaint le présent, et vante le passé ;
Inhabile aux plaisirs dont la jeunesse abuse,
Blâme en eux les douceurs que l'âge lui refuse.

Ne faites point parler vos acteurs au hasard ;

Un vieillard en jeune homme, un jeune homme en vieillard.

Étudiez la cour et connaissez la ville :
L'une et l'autre est toujours en modèles fertile.
C'est par là que Molière[1], illustrant ses écrits,
Peut-être de son art eût remporté le prix,
Si, moins ami du peuple en ses doctes peintures,
Il n'eût point fait souvent grimacer ses figures,
Quitté pour le bouffon l'agréable et le fin,
Et sans honte à Térence[2] allié Tabarin.
Dans ce sac ridicule où Scapin s'enveloppe,
Je ne reconnais plus l'auteur du Misanthrope.

Le Comique, ennemi des soupirs et des pleurs,
N'admet point en ses vers de tragiques douleurs ;
Mais son emploi n'est pas d'aller dans une place
De mots sales et bas charmer la populace.
Il faut que ses acteurs badinent noblement,
Que son nœud, bien formé, se dénoue aisément ;
Que l'action, marchant où la raison la guide,
Ne se perde jamais dans une scène vide ;
Que son style humble et doux se relève à propos ;
Que ses discours, partout fertiles en bons mots,
Soient pleins de passions finement maniées,
Et les scènes toujours l'une à l'autre liées.

[1] MOLIÈRE (Jean-Baptiste POCQUELIN de), naquit à Paris en 1620 et y mourut le 17 février 1673.

[2] TÉRENCE, poëte comique latin, né à Carthage, 186 ans avant J.-C.

Aux dépens du bon sens gardez de plaisanter :
Jamais de la nature il ne faut s'écarter.
Contemplez de quel air un père, dans Térence,
Vient d'un fils amoureux gourmander l'imprudence;
De quel air cet amant écoute ses leçons,
Et court chez sa maîtresse oublier ses chansons.
Ce n'est pas un portrait, une image semblable;
C'est un amant, un fils, un père véritable.

J'aime sur le théâtre un agréable auteur
Qui, sans se diffamer aux yeux du spectateur,
Plaît par la raison seule, et jamais ne la choque;
Mais, pour un faux plaisant à grossière équivoque,
Qui pour me divertir n'a que la saleté,
Qu'il s'en aille, s'il veut, sur deux tréteaux monté,
Amusant le Pont-Neuf de ses sornettes fades,
Aux laquais assemblés jouer ses mascarades.

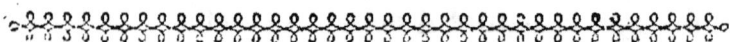

CHANT IV.

Dans Florence jadis vivait un médecin[1],
Savant hâbleur, dit-on, et célèbre assassin.
Lui seul y fit longtemps la publique misère :
Là, le fils orphelin lui redemande un père ;
Ici, le frère pleure un frère empoisonné ;
L'un meurt vide de sang, l'autre plein de séné ;
Le rhume à son aspect se change en pleurésie,
Et par lui la migraine est bientôt frénésie.
Il quitte enfin la ville, en tous lieux détesté.
De tous ses amis morts un seul ami resté
Le mène en sa maison, de superbe structure ;
C'était un riche abbé, fou de l'architecture.
Le médecin d'abord semble né dans cet art ;

---

[1]   Dans Florence jadis vivait un médecin.

Boileau désigne ici Claude Perrault, qui, après avoir exercé la médecine, se livra à l'étude de l'architecture. C'est sur les dessins de Claude Perrault que furent élevés l'*Observatoire* et la colonnade du Louvre.

Déjà de bâtiments parle comme Mansard[1] :
D'un salon qu'on élève il condamne la face ;
Au vestibule obscur il marque une autre place ;
Approuve l'escalier tourné d'autre façon.
Son ami le conçoit, et mande son maçon.
Le maçon vient, écoute, approuve et se corrige.
Enfin, pour abréger un si plaisant prodige,
Notre assassin renonce à son art inhumain ;
Et désormais, la règle et l'équerre à la main,
Laissant de Gallien[2] la science suspecte,
De méchant médecin devient bon architecte.

Son exemple est pour nous un précepte excellent.
Soyez plutôt maçon, si c'est votre talent,
Ouvrier estimé dans un art nécessaire,
Qu'écrivain du commun, et poëte vulgaire.
Il est dans tout autre art des degrés différents,
On peut avec honneur remplir les seconds rangs ;
Mais, dans l'art dangereux de rimer et d'écrire,
Il n'est point de degrés du médiocre au pire :
Qui dit froid écrivain dit détestable auteur.
Boyer[3] est à Pinchène[4] égal pour le lecteur.

---

[1] MANSARD (François), célèbre architecte, né à Paris en 1598 et mort en 1666. L'église du *Val-de-Grâce* a été bâtie d'après ses dessins, et les travaux ont été en partie dirigés par lui.

[2] GALLIEN, célèbre médecin, né à Pergame, vers le milieu du IIe siècle de l'ère chrétienne.

[3] BOYER (Claude), né à Albi, fut un mauvais prédicateur et un mauvais poëte. Il entra à l'Académie française en 1666.

[4] PINCHÈNE (Étienne-Martin, sieur de), neveu de Voiture, com-

On ne lit guère plus Rampale [1] et Ménardière [2]
Que Magnon [3], Du Souhait [4], Corbin [5] et La Morlière [6]
Un fou du moins fait rire, et peut nous égayer ;
Mais un froid écrivain ne fait rien qu'ennuyer.
J'aime mieux Bergerac [7] et sa burlesque audace
Que ces vers où Motin [8] se morfond et nous glace.

Ne vous enivrez point des éloges flatteurs
Qu'un amas quelquefois de vains admirateurs
Vous donne en ces réduits, prompts à crier : Merveille !
Tel écrit récité se soutint à l'oreille
Qui, dans l'impression au grand jour se montrant,
Ne soutient pas des yeux le regard pénétrant.
On sait de cent auteurs l'aventure tragique,
Et Gombault, tant loué, garde encor la boutique.

posa un mauvais recueil de poésies, contenant l'éloge de tous les personnages de la cour.

[1] RAMPALE, auteur de quelques idylles oubliées.

[2] MÉNARDIÈRE (Pilet de la), médecin et poëte, composa deux mauvaises tragédies, *Alinde* et *la Pucelle d'Orléans*.

[3] MAGNON (Jean) mourut sans avoir pu faire imprimer son poëme de la *Science universelle*, qui aurait eu, dit-on, plus de cent mille vers.

[4] DU SOUHAIT, auteur d'une mauvaise traduction en prose de *l'Iliade*.

[5] CORBIN (Jacques), auteur d'un poëme intitulé : *le Triomphe de Jésus-Christ au Très-Saint-Sacrement*.

[6] LA MORLIÈRE, écrivain si obscur, dit Brossette, que Boileau ne le connaissait que de nom.

[7] BERGERAC (Cyrano de), auteur du *Voyage de la Lune*. (BOILEAU.)

[8] MOTIN, mauvais poëte, contemporain et ami de Regnier.

Écoutez tout le monde, assidu, consultant :
Un fat quelquefois ouvre un avis important.
Quelques vers toutefois qu'Apollon vous inspire,
En tous lieux aussitôt ne courez pas les lire.
Gardez-vous d'imiter ce rimeur furieux [1]
Qui, de ses vains écrits lecteur harmonieux,
Aborde en récitant quiconque le salue,
Et poursuit de ses vers les passants dans la rue.
Il n'est temple si saint, des anges respecté,
Qui soit contre sa muse un lieu de sûreté.

Je vous l'ai déjà dit, aimez qu'on vous censure,
Et, souple à la raison, corrigez sans murmure;
Mais ne vous rendez pas dès qu'un sot vous reprend.
Souvent dans son orgueil un subtil ignorant
Par d'injustes dégoûts combat toute une pièce,
Blâme des plus beaux vers la noble hardiesse;
On a beau réfuter ses vains raisonnements,
Son esprit se complaît dans ses faux jugements;
Et sa faible raison, de clarté dépourvue,
Pense que rien n'échappe à sa débile vue.
Ses conseils sont à craindre; et si vous le croyez,
Pensant fuir un écueil, souvent vous vous noyez.

Faites choix d'un censeur solide et salutaire,
Que la raison conduise et le savoir éclaire,
Et dont le crayon sûr d'abord aille chercher

[1] Gardez-vous d'imiter ce rimeur furieux.
Duperrier, qui récita ses vers à Boileau dans une église.

L'endroit que l'on sent faible et qu'on se veut cacher.
Lui seul éclaircira vos doutes ridicules,
De votre esprit tremblant lèvera les scrupules.
C'est lui qui vous dira, par quel transport heureux,
Quelquefois dans sa course un esprit vigoureux,
Trop resserré par l'art, sort des règles prescrites,
Et de l'art même apprend à franchir leurs limites.
Mais ce parfait censeur se trouve rarement.
Tel excelle à rimer qui juge sottement;
Tel s'est fait par ses vers distinguer dans la ville
Qui jamais de Lucain [1] n'a distingué Virgile.

Auteurs, prêtez l'oreille à mes instructions.
Voulez-vous faire aimer vos riches fictions?
Qu'en savantes leçons votre muse fertile
Partout joigne au plaisant le solide et l'utile.
Un lecteur sage fuit un vain amusement,
Et veut mettre à profit son divertissement.

Que votre âme et vos mœurs, peintes dans vos ouvrages,
N'offrent jamais de vous que de nobles images.
Je ne puis estimer ces dangereux auteurs
Qui, de l'honneur, en vers, infâmes déserteurs,
Trahissant la vertu sur un papier coupable,
Aux yeux de leurs lecteurs rendent le vice aimable.

---

[1] LUCAIN, poëte latin, né à Cordoue, la trente-neuvième année de l'ère chrétienne, était neveu du philosophe Sénèque. *La Pharsale* ou *la Guerre de César et de Pompée* est, de ses ouvrages, le seul qui nous soit parvenu.

Je ne suis pas pourtant de ces tristes esprits
Qui, bannissant l'amour de leurs chastes écrits,
D'un si riche ornement veulent priver la scène,
Traitent d'empoisonneurs et Rodrigue et Chimène :
L'amour le moins honnête, exprimé chastement,
N'excite point en nous de honteux mouvement.
Didon a beau gémir et m'étaler ses charmes,
Je condamne sa faute en partageant ses larmes.

Un auteur vertueux dans ses vers innocents
Ne corrompt point le cœur en chatouillant les sens;
Son feu n'allume point de criminelle flamme.
Aimez donc la vertu, nourrissez-en votre âme.
En vain l'esprit est plein d'une noble vigueur,
Le vers se sent toujours des bassesses du cœur.

Fuyez, surtout, fuyez ces basses jalousies,
Des vulgaires esprits malignes frénésies.
Un sublime écrivain n'en peut être infecté ;
C'est un vice qui suit la médiocrité.
Du mérite éclatant cette sombre rivale
Contre lui, chez les grands, incessamment cabale;
Et, sur les pieds enfin tâchant de se hausser,
Pour s'égaler à lui, cherche à le rabaisser.
Ne descendons jamais dans ces lâches intrigues;
N'allons point à l'honneur par de honteuses brigues.

Que les vers ne soient pas votre éternel emploi;

---

¹ *Rodrigue et Chimène*, personnages du *Cid*, tragédie de
P. Corneille.

Cultivez vos amis, soyez homme de foi.
C'est peu d'être agréable et charmant dans un livre;
Il faut savoir encore et converser et vivre.
Travaillez pour la gloire, et qu'un sordide gain
Ne soit jamais l'objet d'un illustre écrivain.
Je sais qu'un noble esprit peut sans honte et sans crime
Tirer de son travail un tribut légitime;
Mais je ne puis souffrir ces auteurs renommés
Qui, dégoûtés de gloire et d'argent affamés,
Mettent leur Apollon aux gages d'un libraire,
Et font d'un art divin un métier mercenaire.
Avant que la raison, s'expliquant par la voix,

Eût instruit les humains, eût enseigné des lois,
Tous les hommes suivaient la grossière nature,
Dispersés dans les bois couraient à la pâture;
La force tenait lieu de droit et d'équité;
Le meurtre s'exerçait avec impunité.
Mais du discours enfin l'harmonieuse adresse
De ces sauvages mœurs adoucit la rudesse;
Rassembla les humains dans les forêts épars;
Enferma les cités de murs et de remparts;
De l'aspect du supplice effraya l'insolence,
Et sous l'appui des lois mit la faible innocence.
Cet ordre fut, dit-on, le fruit des premiers vers.
De là sont nés ces bruits reçus dans l'univers,
Qu'aux accents dont Orphée[1] emplit les monts de Thrace

---

[1] ORPHÉE, poëte, musicien et philosophe, était, dit-on, fils d'Apollon et de Calliope.

Les tigres amollis dépouillaient leur audace ;
Qu'aux accords d'Amphion[1] les pierres se mouvaient,
Et sur les murs thébains en ordre s'élevaient.
L'harmonie en naissant produisit ces miracles ;
Depuis, le ciel en vers fit parler les oracles :
Du sein d'un prêtre, ému d'une divine horreur,
Apollon par des vers exhala sa fureur.
Bientôt, ressuscitant ses héros des vieux âges,
Homère aux grands exploits anima les courages.
Hésiode[2] à son tour, par d'utiles leçons,
Des champs trop paresseux vint hâter les moissons.
En mille écrits fameux la sagesse tracée
Fut à l'aide des vers aux mortels annoncée,
Et partout des esprits ses préceptes vainqueurs,
Introduits par l'oreille, entrèrent dans les cœurs.
Pour tant d'heureux effets, les muses révérées
Furent d'un juste encens dans la Grèce honorées ;
Et leur art, attirant le culte des mortels,
A sa gloire en cent lieux vit dresser des autels.
Mais enfin l'indigence amenant la bassesse,
Le Parnasse oublia sa première noblesse ;
Un vil amour du gain infectant les esprits,
De mensonges grossiers souilla tous les écrits
Et partout, enfantant mille ouvrages frivoles,

---

[1] AMPHION, fils de Jupiter et d'Antiope, devint si habile dans la musique que les poëtes supposent qu'il eut Mercure pour maître.

[2] HÉSIODE, poëte grec, qui florissait un siècle après Homère, écrivit le premier sur l'agriculture. Son poëme des *Ouvrages et des Jours* servit de modèle à Virgile pour ses *Géorgiques*.

Trafiqua du discours et vendit les paroles.

Ne vous flétrissez point par un vice si bas.
Si l'or seul a pour vous d'invincibles appas,
Fuyez ces lieux charmants qu'arrose le Permesse :
Ce n'est point sur ses bords qu'habite la richesse.
Aux plus savants auteurs, comme aux plus grands guerriers
Apollon ne promet qu'un nom et des lauriers.

Mais quoi! dans la disette une muse affamée
Ne peut pas, dira-t-on, subsister de fumée.
Un auteur, qui, pressé d'un besoin importun,
Le soir entend crier ses entrailles à jeun,
Goûte peu d'Hélicon les douces promenades :
Horace a bu son soûl quand il voit les Ménades,
Et, libre du souci qui trouble Colletet [1],
N'attend pas pour dîner le succès d'un sonnet.
Il est vrai; mais enfin cette affreuse disgrâce
Rarement parmi nous afflige le Parnasse.
Et que craindre en ce siècle où toujours les beaux-arts
D'un astre favorable éprouvent les regards;
Où d'un prince éclairé la sage prévoyance
Fait partout au mérite ignorer l'indigence?

Muses, dictez sa gloire à tous vos nourrissons!

---

[1] COLLETET fut un des cinq auteurs qu'avait choisis le cardinal de Richelieu pour travailler à ses pièces de théâtre. La pauvreté lui fit épouser trois de ses servantes auxquelles il ne pouvait payer leurs gages.

Son nom vaut mieux pour eux que toutes vos leçons.
Que Corneille[1], pour lui rallumant son audace,
Soit encor le Corneille et du Cid et d'Horace;
Que Racine[2], enfantant des miracles nouveaux,
De ses héros sur lui forme tous les tableaux;
Que de son nom chanté par la bouche des belles,
Benserade[3] en tous lieux amuse les ruelles;
Que Ségrais[4] dans l'églogue en charme les forêts;
Que pour lui l'épigramme aiguise tous ses traits.
Mais, quel heureux auteur, dans une autre Énéide,
Aux bords du Rhin tremblant conduira cet Alcide[5]?
Quelle savante lyre, au bruit de ses exploits,
Fera marcher encor les rochers et les bois;
Chantera le Batave éperdu dans l'orage,
Soi-même se noyant pour sortir du naufrage;
Dira les bataillons sous Mastricht enterrés,
Dans ces affreux assauts du soleil éclairés?

Mais tandis que je parle, une gloire nouvelle

[1] CORNEILLE (Pierre), poëte tragique, né à Rouen en 1625 et mort en 1709. Ses principaux ouvrages sont : *le Cid, Horace, Polyeucte, Rodogune, Cinna, Héraclius,* etc.

[2] RACINE (Jean), poëte tragique, né à La Ferté-Milon, le 21 décembre 1639, mourut à Paris le 22 avril 1699. Il s'est placé à côté de Corneille par ses tragédies d'*Andromaque, Mithridate, Bajazet, Iphigénie en Aulide, Phèdre* et *Athalie.*

[3] BENSERADE (Isaac de) dut aux vers qu'il composa pour les ballets du roi une réputation de poëte, que lui enleva sa traduction en rondeaux des *Métamorphoses* d'Ovide.

[4] SÉGRAIS (Jean Regnault de), né à Caen, en 1624, s'est rendu célèbre par ses *Eglogues* et son poëme pastoral d'*Athis.*

[5] Alcide, Louis XIV.

Vers ce vainqueur rapide aux Alpes vous rappelle.
Déjà Dôle et Salins sous le joug ont ployé;
Besançon fume encor sur son roc foudroyé.
Où sont ces grands guerriers dont les fatales ligues
Devaient à ce torrent opposer tant de digues?
Est-ce encore en fùyant qu'ils pensent l'arrêter,
Fiers du honteux honneur d'avoir su l'éviter?
Que de remparts détruits, que de villes forcées!
Que de moissons de gloire en courant amassées!
Auteurs, pour les chanter redoublez vos transports;
Le sujet ne veut pas de vulgaires efforts.

Pour moi qui, jusqu'ici nourri dans la satire,
N'ose encor manier la trompette et la lyre,
Vous me verrez pourtant dans ce champ glorieux
Vous animer du moins de la voix et des yeux;
Vous offrir ces leçons que ma muse au Parnasse
Rapporta, jeune encor, du commerce d'Horace;
Seconder votre ardeur, échauffer vos esprits,
Et vous montrer de loin la couronne et le prix.
Mais aussi pardonnez, si, plein de ce beau zèle,
De tous vos pas fameux observateur fidèle,
Quelquefois du bon or je sépare le faux,
Et des auteurs grossiers j'attaque les défauts:
Censeur un peu fâcheux, mais souvent nécessaire;
Plus enclin à blâmer, que savant à bien faire.

www.ingramcontent.com/pod-product-compliance
Lightning Source LLC
LaVergne TN
LVHW022125080426
835511LV00007B/1031